HAPPY EASTER!

THIS BOOK BELONGS TO

____

____

____

COLOR TEST PAGE

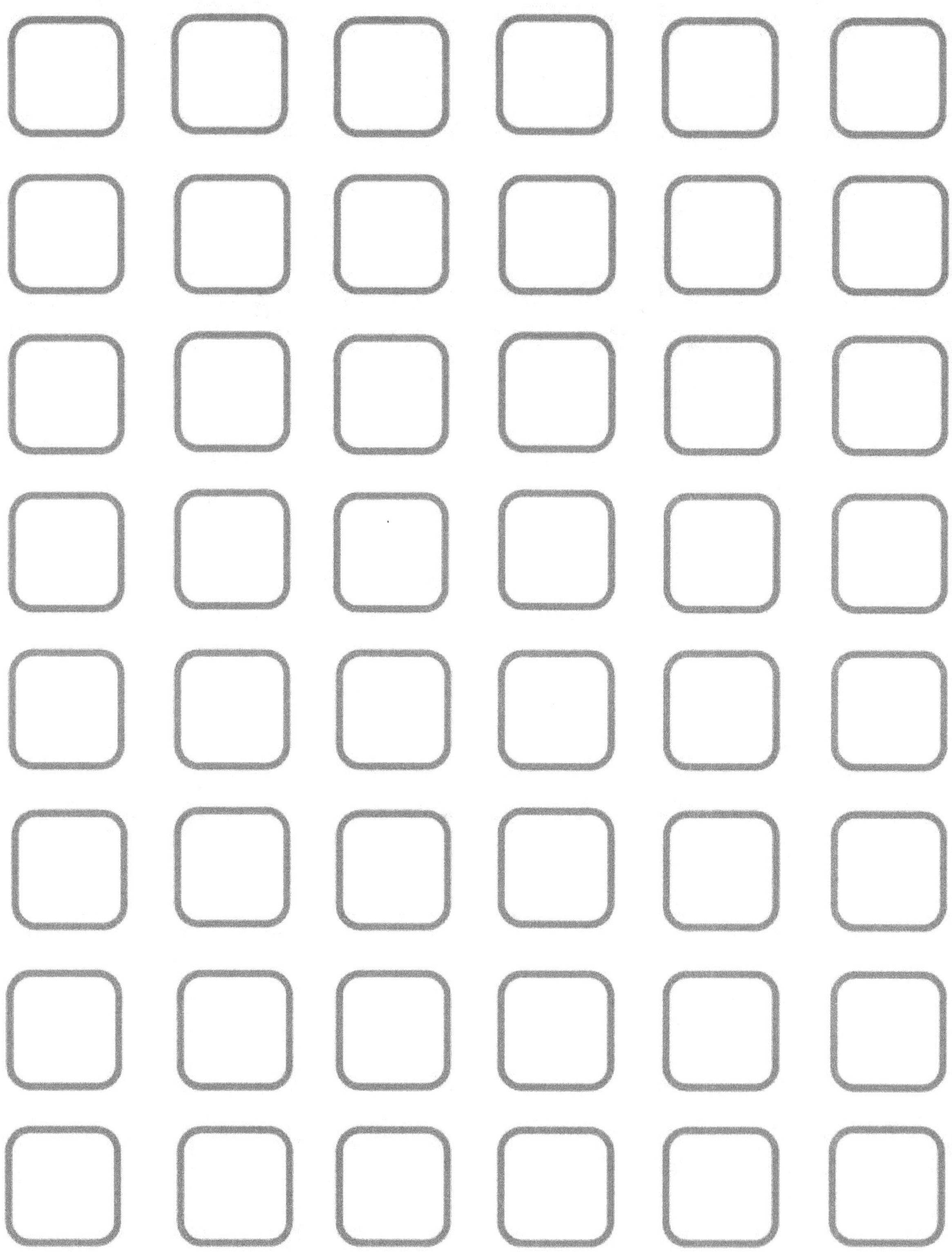

Happy Easter!

HAPPY
EASTER

easter

Happy
Easter

HAPPY EASTER

HAPPY EASTER!

Happy Easter

Happy Easter!

Happy Easter!

Happy Easter!

HAPPY
EASTER

Happy
Easter

HAPPY EASTER

Happy Easter
©jgoode
created by JGoodeDesigns.com

Happy Easter!

Happy
Easter!

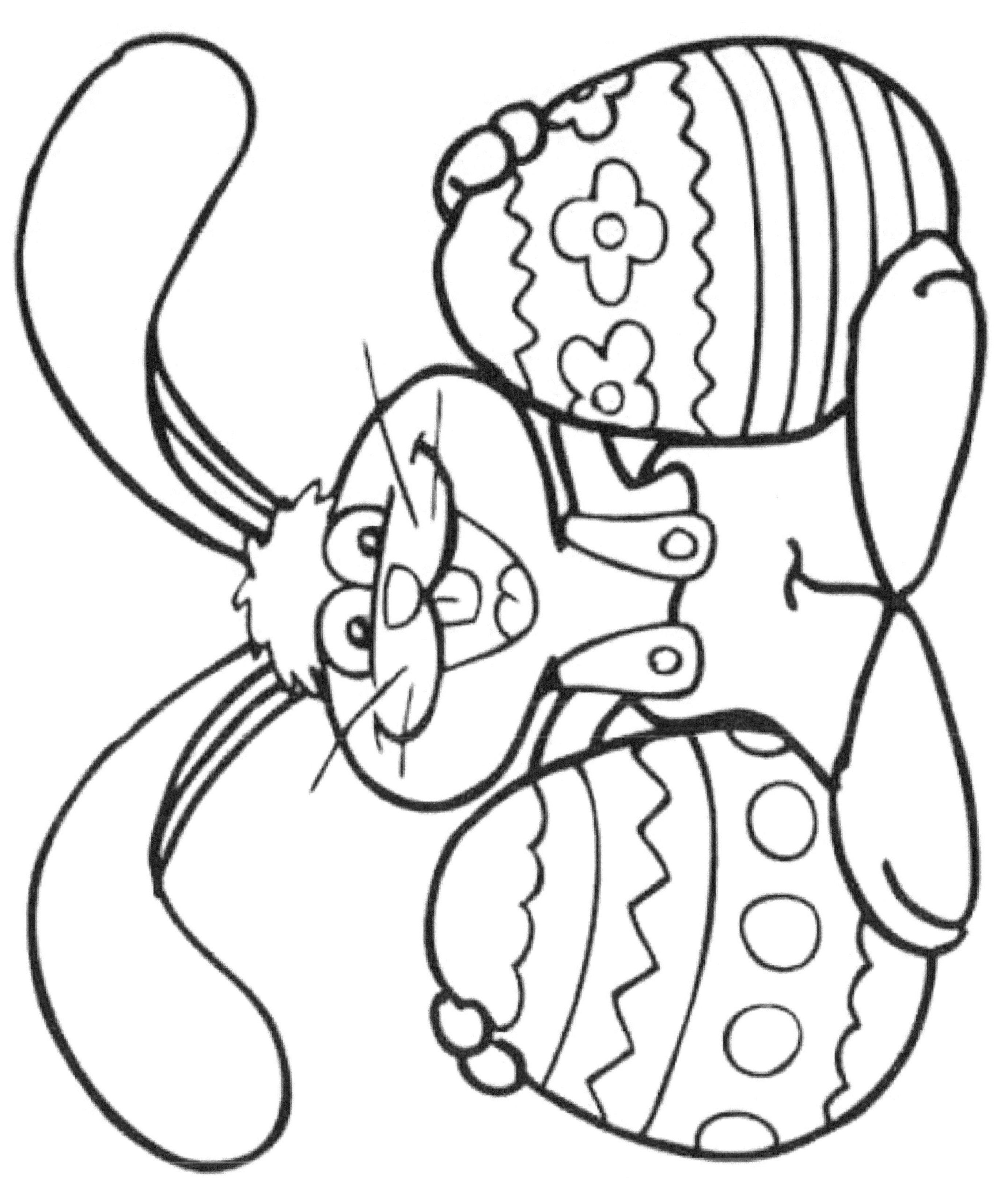